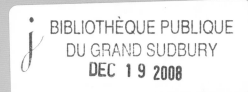
Le monde des
MANCHOTS

Diane Swanson

ÉDITIONS
MICHEL
QUINTIN

Catalogage avant publication de Bibliothèque et Archives
nationales du Québec et Bibliothèque et Archives Canada

Swanson, Diane, 1944-

Le monde des manchots

(Petits documentaires ; 1)
Traduction de: Welcome to the whole world of penguins.
Pour enfants de 6 ans et plus.

ISBN 978-89435-335-6

1. Manchots (Oiseaux) - Ouvrages pour la jeunesse. I. Titre. II.
Collection: Swanson, Diane, 1944-   . Petits documentaires ; 1.

QL696.S473S9214 2007   j598.47   C2007-940306-9

Traduction de l'anglais : Laurent Chabin
Révision scientifique : Michel Leboeuf
Révision linguistique : Sylvie Lallier, Éd. Michel Quintin
Conception et infographie : Marie-Ève Boisvert, Éd. Michel Quintin

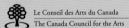

Le Conseil des Arts du Canada
The Canada Council for the Arts

SODEC
Québec

Patrimoine canadien   Canadian Heritage

La publication de cet ouvrage a été réalisée grâce au soutien
financier du Conseil des Arts du Canada et de la SODEC.

De plus, les Éditions Michel Quintin bénéficient de l'aide
financière du gouvernement du Canada par l'entremise du
Programme d'aide au développement de l'industrie de
l'édition (PADIÉ) pour leurs activités d'édition.

Gouvernement du Québec – Programme de crédit d'impôt
pour l'édition de livres – Gestion SODEC

ISBN 978-2-89435-335-6

Dépôt légal - Bibliothèque et Archives nationales du Québec, 2007
Dépôt légal - Bibliothèque et Archives Canada, 2007

Le monde des manchots est la traduction de
Welcome to the Whole World of Penguins de Diane Swanson

© Copyright 2002 Whitecap Books
© Copyright 2007 Éditions Michel Quintin pour l'édition en langue française

Éditions Michel Quintin
C.P. 340, Waterloo (Québec)
Canada J0E 2N0
Tél.:   450-539-3774
Téléc.:   450-539-4905
www.editionsmichelquintin.ca

0 7 - K 2 - 1

Imprimé au Canada

table des matières

Les oiseaux les moins frileux du monde

Les manchots sont des oiseaux qui volent… dans l'eau!

Contrairement à la plupart des autres oiseaux, les plumes particulières des manchots ne leur permettent pas de voler. En fait, leurs ailes servent plutôt de nageoires. Étroites et rigides, elles sont parfaitement adaptées pour la nage.

Sur la terre ou sur la glace, les manchots marchent maladroitement en se dandinant sur leurs courtes pattes et leurs pieds palmés. Des griffes acérées les aident à s'agripper pour progresser entre les rochers ou les blocs de glace.

Certaines espèces de manchots marchent peu, d'autres beaucoup. Les manchots d'Adélie, par exemple, peuvent marcher 100 kilomètres sur la banquise pour atteindre la mer, et ce, en avançant aussi vite que des humains, soit à la vitesse d'environ 5 kilomètres à l'heure.

Des manchots d'Adélie font des glissades sur leur ventre rebondi.

Pour gagner de la vitesse sur une surface glacée, il leur arrive de glisser sur le ventre. Ils se propulsent alors avec leurs pattes et utilisent leurs ailes pour pagayer et garder leur équilibre. Certaines espèces de manchots glissent aussi vite que des humains peuvent skier sur terrain plat.

Au sein du groupe des 18 espèces de manchots et de gorfous qui peuplent les eaux de l'hémisphère sud (ou austral), la plus importante est celle des manchots

Le manchot pygmée est la plus petite espèce de manchots du monde.

empereurs. Ces oiseaux peuvent mesurer jusqu'à 1,20 mètre de haut. L'espèce la plus petite est celle des manchots pygmées. Ces derniers n'atteignent qu'un tiers de la taille du manchot empereur.

Presque tous les manchots ont un plumage noir et blanc, mais certaines espèces, dont les manchots royaux, ont aussi des plumes d'un jaune (ou orange) vif sous le cou. D'autres encore, parmi lesquelles les gorfous dorés et les gorfous de Schlegel ont, elles, des plumes jaune orangé au sommet de la tête.

Quelques faits intéressants

Manchots et gorfous fascinent, voici pourquoi :

• Plutôt que de pousser en rangées régulières, les plumes des manchots poussent comme une épaisse fourrure. Le plumage ainsi formé garde les oiseaux au chaud et au sec;

• Blottis les uns contre les autres sur la banquise antarctique, les manchots empereurs peuvent survivre à des températures inférieures à - 60 °C;

• Pour pondre, les manchots d'Adélie peuvent se regrouper en colonies de 5 millions d'individus;

• Chez plusieurs espèces, rien n'arrête l'instinct parental d'un mâle et d'une femelle. Un couple ayant perdu sa couvée ira jusqu'à couver des œufs sans vie, ou même de simples morceaux de coquilles brisées.

Les manchots et les gorfous sont des oiseaux marins. D'ailleurs, sauf à la saison de la reproduction, certaines espèces passent presque toute l'année en mer.

Les manchots empereurs, quant à eux, ne mettent jamais pied à terre. Quand ils quittent l'eau, c'est pour se déplacer sur la banquise qui se forme lorsque la surface de la mer gèle. Ils retournent à l'eau pour se nourrir.

À la fin de chaque saison de reproduction, les manchots muent, c'est-à-dire qu'ils perdent leurs plumes usées au profit de nouvelles. Ces dernières les garderont bien au chaud et leur permettront de se déplacer avec aisance pour capturer leurs proies.

Durant les quelques semaines que dure la mue, les oiseaux ne vont pas à l'eau du tout. Sans leur dense plumage habituel, leur peau serait mouillée. Leur corps refroidirait, ce qui risquerait de rendre les oiseaux malades et pourrait même causer leur mort.

Un manchot de Magellan surveille la côte rocheuse d'une île proche de l'Argentine.

9

Les manchots sont très différents des pingouins. Dans la langue française, on confond souvent ces deux groupes et on utilise fréquemment, à tort, le mot pingouin à la place de manchot (peut-être du fait qu'en anglais le mot *penguin* est utilisé pour désigner les manchots). Si une certaine ressemblance physique existe, ces deux groupes ne sont pas du tout apparentés.

Un couple de manchots des Galápagos escalade une côte rocheuse sur les îles du même nom.

Une façon simple de les départager : les pingouins vivent exclusivement dans l'hémisphère nord (au nord de l'équateur) et ils peuvent voler; les manchots vivent exclusivement dans l'hémisphère sud et ils ne peuvent pas voler.

Plusieurs espèces, tels les manchots empereurs ou les manchots d'Adélie, vivent en Antarctique. Les manchots de Magellan et les gorfous sauteurs fréquentent les rivages de l'Amérique du Sud. D'autres habitent les côtes et les îles de l'Australie et de la Nouvelle-Zélande. Le manchot du Cap, lui, vit près de la pointe de l'Afrique du Sud.

Se tenir au chaud, rester au frais

L'épaisse couche de graisse et le dense plumage des manchots maintiennent une température interne élevée et les isolent du froid environnant. D'ailleurs, la neige qui se retrouve sur les plumes des manchots ne fond pas. De plus, parce qu'ils ne laissent pas s'échapper la chaleur, des vaisseaux sanguins spéciaux protègent leurs pattes du gel.

Si les manchots ont trop chaud, ils se rafraîchissent en haletant, en ébouriffant leurs plumes ou en s'éventant avec leurs ailes. Les manchots qui vivent sous des climats plus cléments peuvent aussi perdre de la chaleur par les espaces de peau nue qu'ils ont près des yeux ou sur les pattes.

Le corps des manchots est conçu pour nager et plonger. Ce n'est pas étonnant qu'ils semblent heureux comme des poissons dans l'eau!

Contrairement à la plupart des autres oiseaux, les manchots ont des os pleins et non pas creux. Cela les rend plus lourds et plus aptes à la plongée. Leurs ailes, ces véritables nageoires, se sont adaptées à la nage sous l'eau. Elles sont robustes et aplaties, comme des pagaies.

Une glande située sous la queue des manchots produit une huile qui imperméabilise leurs plumes. À l'aide de leur bec, les oiseaux enduisent leur plumage de cette huile en le lissant fréquemment. Ainsi, les oiseaux glissent plus facilement dans l'eau.

De tous les oiseaux, les manchots sont les meilleurs nageurs. Ils filent sous l'eau en se propulsant avec leurs ailes et en se dirigeant avec leurs pattes palmées. Certaines espèces peuvent changer brusquement de direction en faisant la roue.

Le manchot est un excellent nageur.

La plupart des manchots peuvent nager à une vitesse de 10 kilomètres à l'heure, mais, sur une courte distance, ils atteignent parfois le double. Les manchots papous, probablement les nageurs les plus rapides, sont capables de faire 27, voire 35 kilomètres à l'heure!

Filant sous l'eau, un manchot émerge brusquement pour respirer.

Lorsque les manchots d'Adélie sortent de l'eau, ils ont parfois acquis un tel élan qu'ils jaillissent en l'air avant d'atterrir directement sur leurs pattes. Les gorfous huppés font parfois du surf sur une vague jusqu'au rivage, puis ils s'accrochent aux rochers pour ne pas être ramenés en arrière par le reflux.

Les manchots sont de merveilleux plongeurs. Certains plongent en eau peu profonde et y restent jusqu'à 2 minutes. D'autres descendent à des profondeurs beaucoup plus grandes.

Le manchot empereur, par exemple, peut atteindre 500 mètres et retenir sa respiration pendant une vingtaine de minutes. Cette plongée lui permet d'avoir accès à des proies telles que les calmars.

Prendre de l'air

Quand les manchots filent sous la surface des océans, ils ne s'arrêtent pas pour respirer. Au lieu de cela, ils « marsouinent », c'est-à-dire que, surgissant de l'eau à quelques minutes d'intervalle, sans cesser de battre des ailes, ils inspirent à la hâte avant de replonger dans la mer.

Cette alternance de plongeons et de jaillissements présente aussi un autre intérêt. Elle favorise la formation de petites bulles au pourtour du plumage, ce qui facilite le glissement des manchots dans l'eau.

Les manchots se nourrissent toujours en mer. Ils avalent des poissons et du krill – cette masse de petits animaux semblables à des crevettes – en grande quantité. Les manchots empereurs et les manchots royaux s'alimentent de calmars, qui peuplent en abondance les eaux froides de l'Antarctique.

Les manchots sont aussi agiles que rapides. Quand ils sont en quête de nourriture, ils donnent à leur corps lisse la forme la plus aérodynamique possible. Ils rentrent la tête dans les épaules et maintiennent leurs pattes serrées contre leur corps. Puis ils se précipitent dans l'eau, conservant cette posture jusqu'à ce qu'ils aient attrapé leur proie.

Poissons et calmars sont visqueux et coulants, mais les manchots sont dotés d'un bec conçu pour les agripper et les retenir. De plus, leur langue épineuse favorise une prise encore plus sûre.

Un bec acéré et une langue hérissée aident l'oiseau à saisir une nourriture visqueuse.

17

Quand les manchots attrapent un poisson, ils le retournent d'un mouvement vif puis l'avalent d'un seul coup, la tête la première.

Lorsqu'ils ont des jeunes à nourrir, les adultes doivent multiplier leurs prises. Le manchot empereur ira jusqu'à avaler 3 kilos de proies supplémentaires. La nourriture prédigérée sera régurgitée et le poussin la récupérera en introduisant son minuscule bec dans celui, béant, de son père ou de sa mère.

Si les petits du manchot empereur éclosent avant que leur mère n'arrive pour les nourrir,

Un manchot empereur donne à son petit un copieux repas de poisson.

le père leur donne du « lait de manchot ».

Il ne s'agit pas vraiment de lait, mais d'un mélange de graisse et de protéines. Le liquide suinte de son tube digestif. Tout comme pour la nourriture régurgitée, le poussin avale le lait de manchot en introduisant son bec dans celui de son père.

Rose ou blanc?

D'un seul coup d'œil, les scientifiques sont capables de savoir quels manchots se sont gavés de poissons et lesquels se sont plutôt nourris de krill.

C'est le guano, c'est-à-dire les déjections des oiseaux, qui leur donne la réponse. Les mangeurs de poissons produisent un guano blanc, alors que celui des mangeurs de krill est rose.

D'ailleurs, certaines espèces, comme les manchots papous, mangent tellement de krill que le jaune de leurs œufs devient rose vif, parfois même rouge.

Un monde de communication

Jappements, grognements... Les manchots pygmées s'interpellent.

Les manchots du Cap « braient » comme des ânes (d'où leur nom anglais *Jackass Penguins*), tandis que dans la zone antarctique, les manchots à jugulaire jacassent bruyamment.

Pourquoi tout ce vacarme? C'est que le temps est venu de se reproduire. À ce moment-là, la plupart des manchots se regroupent en vastes colonies qu'on appelle aussi « rookeries ».

Les premiers arrivés sur les lieux de reproduction sont les mâles. Ces derniers vocalisent souvent pour revendiquer leur droit de propriété sur l'emplacement d'un nid.

Ces manchots royaux rassemblés sont à la recherche d'un ou d'une partenaire.

Les manchots d'Adélie mâles cherchent habituellement le nid qu'ils ont utilisé l'année précédente. Lorsqu'ils l'ont retrouvé, ils agitent leurs ailes et se mettent à crier quelque chose comme « gug-gug-gug-gug-gaaaaaaa ». C'est ainsi qu'ils annoncent : « C'est à moi! »

Quand les femelles arrivent à la colonie, les mâles lancent leurs appels. Dressés de toute leur taille, ils rejettent la tête en arrière et vocalisent à pleins poumons.

Les couples qui se sont déjà formés les années précédentes tendent à se réunir. Les autres manchots cherchent un premier partenaire.

Bec ouvert et pointé vers le ciel, les manchots à jugulaire manifestent leur intérêt pour une partenaire.

Un couple de manchots d'Adélie aime à se tenir face à face en balançant la tête d'avant en arrière. Puis les oiseaux pointent leur bec vers le ciel et poussent un cri. C'est leur façon de proclamer « Nous sommes ensemble! Nous sommes un couple! »

Chez les manchots, la communication sonore est aussi utilisée pour donner l'alerte. Si un manchot d'Adélie repère un danger, tel qu'un léopard de mer à l'affût, il avertit bruyamment les autres.

Crier dans le vent

Les vents soufflent en tempête sur les îles où se reproduisent les manchots royaux. Le vacarme est si fort que les oiseaux peuvent avoir du mal à s'entendre et à trouver leur partenaire.

Les manchots royaux ne peuvent ni changer le ton de leur voix, ni crier plus fort. Alors, les jours de grand vent, ils augmentent la fréquence de leurs appels et le nombre de sons contenus dans chacun, c'est-à-dire 12 au lieu des 4 habituels. Les appels répétés, tant des mâles que des femelles, ont plus de chance d'être entendus dans la bourrasque.

Les manchots peuvent se battre entre eux pour revendiquer un lieu de ponte, qu'ils défendront ensuite farouchement.

Selon l'espèce, les manchots choisissent des endroits différents pour pondre leurs œufs. Certains le font directement sur le sol, sans aucun aménagement. D'autres, comme les manchots empereurs et les manchots royaux, par exemple, déposent simplement leur œuf sur leurs pieds.

La plupart des manchots pondent 2 œufs à la fois, mais le manchot empereur et le manchot royal, eux, n'en pondent qu'un. Ils le glissent non pas dans une poche, mais sous un épais repli de peau de leur ventre. L'œuf reste ainsi au chaud, même par le temps le plus glacial.

Un gorfou sauteur protège ses deux œufs dans son nid d'herbes.

Les manchots empereurs et les manchots royaux couvent leurs œufs pendant 2 mois environ.

D'autres espèces construisent des nids. Pour ce faire, ces oiseaux emploient tout ce qui leur tombe sous la main : cailloux, herbes, feuilles ou branchages. On a même vu des gorfous de Schlegel utiliser des os pris aux squelettes de leurs congénères.

Les couples de manchots s'occupent ensemble de leurs œufs. Les mâles prennent

Rectifiant sa position, un manchot papou se prépare à s'installer sur son œuf.

souvent le premier tour, tandis que les femelles retournent à la mer pour se nourrir. Quand elles reviennent pour les remplacer, les mâles vont manger à leur tour.

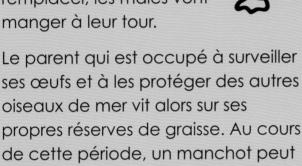

Le parent qui est occupé à surveiller ses œufs et à les protéger des autres oiseaux de mer vit alors sur ses propres réserves de graisse. Au cours de cette période, un manchot peut ainsi perdre jusqu'à un tiers de son poids.

Des œufs dans les cailloux

Dans l'Antarctique balayé par les vents, les manchots d'Adélie font souvent leur nid au pied de flancs rocheux ou de falaises de glace.

Reposant sur le ventre, ils grattent le sol avec les griffes acérées de leurs pattes, ce qui crée une petite cuvette. Celle-ci sera ensuite entourée de petits cailloux.

Le nid doit être assez profond, car s'il venait à être inondé, les œufs seraient refroidis puis perdus. Quand les manchots d'Adélie ont du mal à trouver des cailloux pour leur nid, ils essaient parfois d'en voler aux autres.

Toc, toc, toc!

Les bébés manchots peuvent mettre 3 jours à briser leur coquille. Ensuite, tout comme ils l'ont fait pour leurs œufs, les parents réchauffent et protègent leurs nouveau-nés. Un poussin laissé sans surveillance pourrait facilement devenir la proie des autres oiseaux de mer comme les goélands, les labbes ou les pétrels géants.

Le long des côtes antarctiques, un oiseau de mer audacieux qu'on appelle chionis (ou bec-en-fourreau) vole, à l'occasion, la nourriture destinée aux poussins. Cet oiseau peut parfois fondre sur un manchot à jugulaire pour s'emparer du krill qu'il régurgite pour son petit.

Avec son plumage gris tout ébouriffé, ce petit manchot empereur ne ressemble guère à ses parents.

Chez certaines espèces, les petits qui grandissent se rassemblent pour se protéger tandis que leurs parents sont repartis à la pêche. Ces groupes sont appelés des « crèches ».

Des manchots d'Adélie se préparent à voyager sur les glaces flottantes.

Avec le temps, les jeunes développent un plumage épais et imperméable. Ils sont alors prêts à prendre leur indépendance. Chez plusieurs espèces, ce sera à l'âge de 2 mois, alors que chez d'autres il faudra attendre plus d'un an.

Les jeunes manchots n'ont pas à apprendre à nager ou à pêcher. Ils plongent tout simplement et cela leur vient naturellement. Dans la mer, ils peuvent se trouver face à face avec quelques ennemis, tels que l'orque ou l'otarie à fourrure. Quand ils évoluent sur les glaces flottantes de l'Antarctique, ce sont les léopards de mer qui constituent la plus grande menace. Ces nageurs rapides rôdent sous l'eau dans l'espoir de refermer leurs puissantes mâchoires sur un manchot d'Adélie, un manchot papou ou un gorfou sauteur.

Les manchots qui ont survécu jusqu'à l'âge adulte ont une espérance de vie de plusieurs années encore. Par exemple, le manchot à jugulaire et le manchot antipode peuvent atteindre et même dépasser l'âge de 15 ans.

Manchots à la dérive

Les manchots d'Adélie entreprennent parfois de petits voyages sans autre raison apparente, semble-t-il, que le divertissement. Se poussant et se bousculant, ils font la queue pour embarquer sur les glaces flottantes et partir à la dérive.

Lorsqu'il bondit sur un morceau de glace flottante, le manchot d'Adélie se laisse porter quelque temps avant de revenir au rivage. Il reprend ensuite la queue pour recommencer.

Collectionne tous les titres de la série

Le monde des
MANCHOTS
Diane Swanson

ÉDITIONS MICHEL QUINTIN

Le monde des
COLIBRIS
Diane Swanson

ÉDITIONS MICHEL QUINTIN

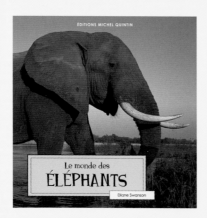

ÉDITIONS MICHEL QUINTIN

Le monde des
ÉLÉPHANTS
Diane Swanson

ÉDITIONS MICHEL QUINTIN

Le monde des
ORIGNAUX
Diane Swanson